El año de la necesidad

MUSEO SALVAJE

Colección de poesía

———————————————

Poetry Collection

WILD MUSEUM

Juan Carlos Olivas

EL AÑO DE LA NECESIDAD

Nueva York Poetry Press®

Nueva York Poetry Press LLC
128 Madison Avenue, Oficina 2RN
New York, NY 10016, USA
Teléfono: +1(929)354-7778
nuevayork.poetrypress@gmail.com
www.nuevayorkpoetrypress.com

El año de la necesidad
© 2019 Juan Carlos Olivas

ISBN-13: 978-1-950474-00-4
ISBN-10: 1-950474-00-3

© Contraportada:
Juan Suárez Proaño

© Colección *Museo Salvaje* vol. 17
Homenaje a Olga Orozco
Poesía latinoamericana

© Concepto de colección y edición:
Marisa Russo

© Diseño de colección y cubierta:
William Velásquez Vásquez

© Fotografía de portada:
Ccestep8 file #200273400

© Fotografía del autor:
Víctor Hugo Fernández

1.ª edición, 2018
© Ediciones Diputación de Salamanca
V Premio Internacional de Poesía Pilar Hernández Labrador

Olivas, Juan Carlos.
El año de la necesidad / Juan Carlos Olivas. 1a edi-- New York: Nueva York
Poetry Press, 2019. 134p. 5.25 x 8 inches.

1. Poesía costarricense. 2. Poesía centroamericana. 3. Literatura latinoamericana.

Todos los derechos reservados. Esta publicación no puede ser reproducida, ni en
todo ni en parte, ni registrada en o transmitida por, un sistema de recuperación
de información, en electroóptico, por fotocopia, o cualquier otro, sin el permiso
previo por escrito de la editorial, excepto en casos de citación breve en reseñas
críticas y otros usos no comerciales permitidos por la ley de derechos de autor.
Para solicitar permiso, contacte a la editora por correo electrónico: nueva-
york.poetrypress@gmail.com

V PREMIO INTERNACIONAL DE POESÍA

PILAR FERNÁNDEZ LABRADOR

Diputación
de Salamanca

Un jurado, integrado por Antonio Salvado, Carmen Ruiz Barrionuevo, Jesús Fonseca, Alfredo Pérez Alencart, Carlos Aganzo, José María Muñoz Quirós, Julián Barrera Prieto e Inmaculada Guadalupe Salas, concedió este premio en Salamanca, el 29 de abril de 2018, al poeta costarricense Juan Carlos Olivas por su libro *El año de la necesidad*, uno de los quince trabajos seleccionados como finalistas, de los ochocientos diez presentados desde todos los países iberoamericanos, España, Portugal y otros. El premio, de carácter anual, lo convoca la Asociación de Mujeres en Igualdad, con la colaboración de la Sociedad de Estudios Literarios y Humanísticos de Salamanca (Selih) y la Diputación Provincial de Salamanca.

Para Vanesa y Juan Pablo,
artífices de la luz.

*He visto de primera mano
lo que puede hacerle a un hombre la frustración.
Puede hacerle llorar, romper una pared
de un puñetazo. Puede llevarle a soñar
con una casa que sea suya
al final de una larga carretera. Una casa
llena de música, calma, generosidad.
Una casa en la que aún no vive nadie.*

RAYMOND CARVER

LA BALA

Esto es una bala.
Mírala bien.
Ponla en medio de tus labios.
Puede defenderte o matarte en un segundo.

Cierra los ojos y piensa
en los días que se acaban
como una bandada de águilas ciegas.
Piensa en los ritos ahogados por la luz,
en los besos que fueron dardos en tu infancia,
en la morfología de árboles fantasmas,
en las palabras que no entiende la piedad,
en los dibujos de diesel
que se agrandan en los charcos
como un pequeño Apocalipsis.

Piensa en tu país como en un nido de avispas,
en la casa en la que te tocó vivir, la que no tienes,
en tu trabajo que apenas da para vivir una vida
y no esas otras, las que pasan por tu cabeza
justo después de un accidente.

Piensa en los muchos perros que murieron
a la orilla de la carretera,
en los aviones que miras cruzar de un lado

al otro del cielo, hasta que no los ves
ni los escuchas, porque sabes que algo de ti
       se ha ido con ellos.

Piensa en quien espera,
en quien se rompe y cuelga de un árbol
como una fruta que no acaba nunca de caer.
Piensa en tu nombre, borrado de repente
aunque lo vuelvas a escribir en las paredes, en los
       cristales,
en las esquelas de un mundo que no te pertenece.

Ahí está la lluvia, piensa en ella;
siéntela como un aluvión de peces luminosos,
como una fila de ángeles dormidos
por su propia música.

Aquí está Dios, en tus manos lodosas de repente;
piensa en Él como un anciano, o como un feto
en el vientre de la galaxia umbría
donde mueve sus brazos para decirte algo
que no acabarás de comprender.

Piensa en el trigo que nadie irá a recoger este
       verano,
en los mundos silentes de la desesperación,
en las puertas que se abren una vez para siempre
y vuelven a cerrarse en un golpe de alas.

Aquí están las fechas del día que naciste
y ese incierto día en el que tienes que partir;
piensa en el tiempo, en el aliento que te queda,
y abre los ojos para sentir aún más
                    esa bala entre tus labios.

Ha llegado la hora.
Al frente tuyo hay un espejo con forma de papel.
Escupe ahora lo que tengas que decir,
hazte fuego,
            hazte herida,
                    no lo pienses,
                            dispara.

LO SAGRADO

Lo que llamaste sagrado
ahora yace en la tierra.

Como una mano sobre las cordilleras
el mundo estrecha la extraña claridad
de los pastores que siembran cicatrices
en la raíz del agua.

Pronto comenzará a llover
y crecerán los campos
cubiertos de mandrágoras,
rendidos por su verborrea de truenos
y dioses disecados.

Después vendrán los cegadores
y apartarán lo que sirve y lo que no.
Yo me acercaré entonces a tus ojos
para tocar la yerba,
y ya el tiempo arderá
como cualquier palabra,
como cualquier punto de luz,
sobre el oscuro barro
del vértigo infinito.

EL AÑO DE LA NECESIDAD

Éste es el año de la necesidad
ANTONIO GAMONEDA

Llegamos al año de la necesidad.
Apenas salió el sol
pudimos medir la dimensión de la catástrofe.
El barro cubría toda nuestra casa;
no dejó lugar para su antigua pulcritud,
y tuvimos que desechar los enseres,
las cartas que flotaban sobre charcos insalubres,
los juguetes que aprendieron la mímesis
con la maleza que arrastraba el río,
la arena que fue pulimentando nuestra vida
hasta sentir el corazón erosionarse dentro;
así, como un breve animal que se guarece
entre las piedras fragmentadas del pecho.

Carecimos de agua y luz
y el sueño era lo único que refrescaba nuestra len-
gua,
oíamos voces que venían al rescate,
linternas que se colaban en las habitaciones
hasta que una panga ancestral –aún cubierta de es-
camas–
rompía con su hélice la senectud del fango.

Nos recibían con mantas y preguntas,
nos lavaban la cara para vernos el gesto,
nos llevaron a albergues
donde todos temblaban sin algo qué decirse,
y después de instrucciones ininteligibles
nos dieron nuestra parcela de nada
y nos dejaron solos.

Despertamos a mitad de la noche
porque del cielo caía un agua rencorosa;
resonaba sobre el techo del albergue
y pensamos que pronto tendríamos
una segunda orfandad, y la tuvimos.

Aquel fue el inicio de un mal año,
arponeados por la esperanza y la escasez,
y aunque luego llegaron días claros
nunca podré olvidar —bajo esas noches largas–
el sonido de un cuerpo que tirita,
es algo que no es llanto ni dolor,
va más allá de aquello,
es un rezo que se apaga en la inocencia.

Nuestra casa seguía cayéndose a pedazos
cuando la recordábamos;
al nombrarla, un río invisible
la arrastraba de nuevo
hacia un cielo de escombros.

Quizá entonces ignorábamos
que la vida sabe cumplir sus amenazas,
que nadie se acostumbra jamás a la pérdida,
que tan solo se vive con ella
y se sigue esperando
a la vera del sueño,
como para abrir una puerta
donde el agua ya no rebasará sus límites,
donde el viento no posará su espada,
y el frío sea tan solo
el bosquejo de un mal año
que pareciera no acabar.

CANCIÓN DEL POBRE

*Los pobres son muchos
y por eso
es imposible olvidarlos.*
ROBERTO SOSA

Es cómico ser tan pobre
y no poder comprar el Golden Gate
y salir a la calle empecinado
en arrojarle tu miseria a las palomas,
escupir en los ventanales de la muerte,
orinar con rabia entre la niebla.

Es cómico nunca haberse preguntado
la diferencia entre el apetito y el hambre
y descubrirlo como una cita a ciegas,
                    cualquier día
                              desempleado,
parecido a un estudiante de lo abyecto,
mientras tus amigos juegan a la Quija
y se parten a carcajadas al conocer tu suerte.

Mírate ahí, tú no mataste,
seguiste al pie de la letra
lo que decían tus mayores,
amaste a una mujer,

       tuviste un hijo,
por ellos luchaste y aun así,
la vida no fue buena.
Te carajearon, te hicieron zancadillas,
colgaste de un puente
y te pisaron los dedos.

Fuiste a una iglesia
y el Cristo se rió al verte así,
                  demacrado,
vistiendo la misma ropa
en los crucifijos de siempre,
enemistado con la felicidad,
escribiendo un poema
en los resquicios de la lluvia.

Y ahora tienes que volver
a una casa que conoce la palidez
de tus manos vacías,
darle un beso seco a tu esposa,
abrazar al hijo con vergüenza
y mirar esa pared que se cae a pedazos,
porque es muy cómico ser pobre
cuando también se ha nacido
con el signo de la belleza en la frente,
porque es muy cómico ser pobre
y trabajar una tierra que no dará sus frutos,
saber que has hecho de tripas corazón con
      la poesía

y ponerse a cantar,

                    pese a todo,

cuando ha muerto la música solar

y el único,

            raro instrumento,

                  es tu confianza.

ROMERÍA

Para un hombre que lleva su casa a cuestas
es difícil caminar.

Tendrá sed
y no podrá juntar las manos
                    para elevar el agua,
le dolerán las piernas de puro amanecer,
bogando por una vida simple
se afinará su odio bajo el sol,
sabrá escupir como quien canta una dicha
por lo demás ajena, fermentada,
uncida para el otro que pudo ser él
y que le tira una moneda cuando pasa de largo.

Sabe que si se agacha lo hará para siempre
y entonces la deja ahí en el suelo,
se aleja de ella hasta que su brillo
tintinea redonda en los ojos del perro de la
                    muerte.

No podrá encontrar el consuelo en las letras,
ni dejar ese peso que carga
para habitar si quiera un aposento
o mirar desde alguna ventana
a esos hombres que peregrinan como él,
por momentos tambaleándose,

por momentos con pie firme
en escarpados fuegos.

No podrá decirles a todos ellos
que los ama en silencio,
como se ama el mutismo en la pared
o el sonido imaginario
de los peces al moverse bajo el agua.

En su inocencia
pensará llevarse a la boca
cierto Cristo fugaz de tiempo y niebla.
Perecerá su fe, o creerá salvarse
después de haber caminado,
como todos quizás
con un hogar a cuestas,
con su casa invisible de plena voluntad,
por el camino solo
                    de la noche que se rompe.

LA CANDELA

La noche en que se quedó sin luz
por no poder pagarla,
el poeta encendió una candela
y la puso a un lado de su biblioteca.

Sentado ahí, leyó,
garabateó algunos versos
y se quedó dormido por cansancio.

La candela permaneció encendida largo rato
y cayó sobre el papel,
devorando en pocos segundos
lo que tardó por siglos escribirse.

Exiliado de su propia casa hecha cenizas
el poeta se encuentra en la calle
a un viejo enemigo de la escuela
que al mirarlo le pregunta:
- *¿Todavía sigues escribiendo poemas?*
Y él, que nada ha tenido ni tendrá,
sin verlo le responde:
- *Sí, todavía.*

HISTORIA GENERAL DE LAS SOMBRILLAS

Las sombrillas provienen de la noche.

En otro tiempo, su piel no era de nylon
ni su esqueleto de madera o metal
sino de clorofila, sangre y argamasa,
y caían de lo alto
hasta las manos de una mujer desnuda;
es decir, la primera mujer
poblada de selvas y ciudades,
de animales heridos y fantasmas,
de riveras cuyos nombres son impronunciables.

La lluvia es algo que llegó después,
y a alguien se le ocurrió que no debíamos mojar-
nos.
¡Qué idiotas!
Tratar de detener la tempestad,
guarecerse de lo inevitable con lo débil.

A través de los años, las sombrillas
fueron perdiendo su verdadero valor.
Algunos las usaron de bastones.
Otros se batieron a duelo con ellas a falta de espa-
das.
Hubo quien las usó para bailar
fingiendo ser feliz en la humareda de la luna.

También estuvieron en contra de ellas,
crearon capas para no tener que sostenerlas
pero pudo más el sentimiento de orfandad
en la raíz del hombre
que aquella falsa piel que le inventaron.

Su fama se vino tanto a menos
que hasta decían que era de mala suerte
abrir una sombrilla adentro de la casa.
Entonces las dejaron afuera;
y las mujeres comenzaron a desnudarse
sin tener a mano una sombrilla.
Hacían el amor a salvo, bajo techos
que impedían que creciera la intemperie.

El hombre se perdía en su confort
y la humedad era tan sólo
la remembranza de un abismo
donde nadie quiso volver.

Después vino el verano
con su ojo raspando como una quemadura
y quien salía con sombrillas al sol
era tratado diferente.

Cargar de día una sombrilla
era llevar una pequeña noche en las espaldas;
era saber que si subías con ella a un autobús
la dejarías olvidada en uno de sus asientos

hasta que el cielo inclemente te hiciera recordarla,

                                 muy tarde ya,

porque ellas siempre buscarán perderse,

pasar de mano en mano hasta envejecer

en la materia de todos los diluvios,

en esa flor de sal derribada por el agua.

Hoy en día, sólo los parias, los que no tienen casa,

las prostitutas y las libélulas

conocen el verdadero valor de una sombrilla.

No aquella del hongo fulminante en Hiroshima,

no la que yace apolillada entre los sótanos,

no la de bronce en manos del hacedor de estatuas,

sino la primera sombrilla, única, inmoral, irrepeti-

ble,

en manos de una mujer desnuda

              que te mira

                    y se bebe la noche.

DIALÉCTICA DEL CUBO RUBIK

Naces, como el cubo Rubik, perfecto.
Los colores pertenecen a una sola cara.
Desde el principio hallaste la respuesta
al enigma de tu vida.

Más te valdría dejarte ahí,
quieto sobre una repisa de la biblioteca,
como un objeto sagrado al cual acudir
cuando se quiera contestar algo,
comprender el vacío, la otredad,
las ansias por quemarse con lo desconocido.

No prestas demasiada atención
y en un abrir y cerrar de ojos
tocas algún lado de ti mismo,
imaginando las múltiples combinaciones
de un color a otro, las posibilidades
de volver a ese estado original,
a aquel momento en el que eras
una cosa uniforme y plana,
una inmaculada forma
que nunca creyó pertenecerle al caos.

Entonces dejas de jugar,
sabes que a lo sumo ordenarás uno
o un par de tus lados primigenios

pero tendrás otros lados cuyos colores
jamás volverán a unificarse.
Así transcurre todo
hasta que un día dejas de intentarlo,
ya no te hace gracia el sueño de la perfección
y abandonas el cubo Rubik adentro de tu pecho
para que vaya empolvándose ahí,
como cualquier objeto sin importancia alguna,
como la fría deidad de la derrota.

MAGNUN 357

Mi vecino tiene una Magnun 357.
De vez en cuando pelea con su mujer
o llega borracho pateando las macetas.
Busca sus llaves dentro del pantalón
y después pasa horas
intentando abrir la puerta.
Cuando lo logra, vienen los gritos,
los lloriqueos, y luego los gemidos
secundados por el chirrido de una cama
que nunca quiso aceitar.

Sale al patio con su Magnun 357
y entre carcajadas
vacía su arsenal contra el cielo
hasta agotar las balas
                o agotarse él.

Después el silencio.
La oscuridad que precede a un raro amanecer.
De camino al trabajo,
mi vecino me saluda como la gente sencilla;
-psicópata- pienso en esa palabra al verlo,
y me apresuro a subir al autobús.

Llegan a mi cabeza los sonidos de anoche.
Realmente, los que hacen tiros al aire
                son creaturas de fe.

Querrán herir a Dios en una pierna,
acariciar su cabello con el plomo,
                    llamar su atención
con esa cuota de odio respectivo,
o asegurarse de matarlo
                    -los más osados-
para ver su cuerpo henchido en la niebla.

Pero Dios sabe de armas,
creció en uno de los barrios del sur
donde aprendió a esquivar las balas
o atraparlas con los dientes.

Por eso cuando habla sólo se escuchan truenos.
Jamás se ha escuchado la voz de Dios de formas
dulces.
Extraña es su manera de darnos el amor.
Su abrazo es una guerra de espejos incesantes,
su mirada un reflejo que agujera la piel.

Los que habitamos
        a este lado de la vida
                    ya no creemos en nada.
Nos dimos de alta o abdicamos
de un trono en medio del desorden;
le atribuimos al bochorno tropical
esta manía de pasearnos enfermos
por los ventanales del sueño
y las calles del mal.

De todos modos, no se puede estar peor.
Unos harán tiros al aire
y otros buscaremos las migas de la piedad,
ahora que Dios habita el barrio
y desciende hecho lluvia
por el rostro tiznado de los pobres.

SOBRE LA TENTACIÓN

¡No te mueras aún! Piensa en los dones
más radiantes a la hora del ocaso:
la música, los libros, la memoria…
EFRAÍN JARA IDROVO

La idea siempre es tentadora.
Las opciones se presentan fáciles.
Despedirse de la libertad
y atarse a la copa del árbol más grande
que será consumido en la hoguera del bosque.

Muy atractivo resultaría renunciar,
perder de a poco la vergüenza
y bailar en medio de una pista en silencio,
llevado sólo al ritmo de la música del cuerpo;
atreverse a quebrar el vidrio de una casa
que siempre quisiste quebrar
y escupirle a la memoria,
para desaprender la falsa gracia
que ganaste en la infancia,
aquella vidita que aplastaste un día
con tu propia esfera de cristal,
los rostros que llegaban entonces
y entraban o salían de un autobús en llamas,
de alguna iglesia oscura,

de algún verso de Sade
que por tu boca hablaba
y caía hasta los labios de una mujer simple,
perecedera como el pan
pero rodeada de una belleza impura.

Qué fácil dejar en un papel aquellos planes;
una nota ovillada sobre su propia melodía,
y salir a buscar el agua, como los viejos elefantes,
y adentrarse sin salir jamás
en el centro de un lago
de barro y de marfil.

Qué afligida palidez se movería en las manos,
qué cansado rocío se apagaría sobre el rostro.
El tiempo sería como una pintura rupestre
al fondo de una cueva
o los créditos finales de una mala película,
donde el actor principal pone fin a su existencia
y cuando cae el telón
se levanta riéndose del set.

Nadie nos reconoce allá en la calle
y uno se da cuenta
de que el arte no siempre tiene la razón:
existimos mientras dure un contrato,
se acabe una canción,
nos parezca fea la pintura,
no sepamos leer la letra adusta

o se nos seque la tinta,
de unos cuantos versos
        que pretendan abarcar
                el aroma fugaz de lo imposible.

EDAD DEL TEMBLOR

Dios mío,
si eres real
haz de esta página una puerta
y dame tus manos para nombrar las cosas.

Hazme saber
que aún por este cuerpo,
cercano a la ceniza,
puede caber tu voz
como una fruta al fin,
perturbadora quizás
pero embriagante,
y que puedo hacer de ti
lo que yo quiera:
bendecirte, matarte,
contemplar el largo sol
que te nace del sexo
o alabarte en un idioma
no creado todavía.

Quiero saber si existes
debajo de la almohada o el camastro,
en los montazales, en la quietud de un árbol,
en la hora que se espera
adentro de una cárcel
para tocar pieles lejanas,
sudores imposibles.

Mira lo que tu tiempo ha hecho con mi cuerpo;
y, aun así, gocé,
pusiste sal en cada carne que comía;
no te importó que fuese infiel conmigo mismo
y que con otros escupiera
sobre el vino y el pan,
que les tirara poemas a los cerdos,
o que con mis manos agarrara la arcilla
          nuevamente
y construyera un ángel negro
para los días de lluvia.

Nada de esto te importó;
como tampoco hacerte el muerto
el día de mi juicio,
cuando invocaba tu nombre
en los eriales de mis propias batallas.

Ahora solo quiero
caminar desnudo por esta habitación
y llamarte una última vez.

Yo no soy más que un arañazo en tu
          pensamiento, mi Señor.
Ten piedad de estos huesos que humillaste,
y has que las cosas se manifiesten lánguidas,
puras en su propia humedad,
como en un sueño se disipan
las letras de tu nombre.

LAS DUDAS DE JONÁS

¿Me creerá acaso mi mujer
si le digo que este fin de semana
pasé en el vientre oscuro de un gran pez,
y que esta pinta, esta ropa desaliñada,
esta hambre con que llego revisando cacerolas,
tambaleándome, es la prueba fehaciente
de que anduve predicando de tu amor a los paga-
nos?

Tengo miedo, Señor.
Haz que me crea esta noche mi mujer,
o manda de nuevo al pez
                            a que me trague.

EL ANIMAL

La nostalgia
es un animal que no muerde.
No sientes el zarpazo de sus garras,
su ponzoña no tiene efecto en la sangre,
no te acosa ni se inmuta
si le ladras,
si le tiras el zarpazo inútilmente
o si le clavas tu ponzoña
bajo el dedo acusador
de los caminos.
La función de ese animal
es salir a tu encuentro
en todas partes
y mirarte a los ojos,
   hacerte saber
        que lo salvaje
    es aquello que ya no puedes tocar.

AUN

Aun cuando hables de la luz
la tinta será negra.
Por ejemplo: Hoy no podré decirte
cuál era el sabor del sol bajo la lengua
sin que me sepa a ceniza la palabra.
O esto otro:
La ciudad se ha llenado de heterónimos
y aquél que finjo no ser
pregunta por mi nombre.
Suave es el encuentro de lo oscuro
cuando se tiene el vicio
de depredar la lumbre.
Y así te vas
a ese lugar que puede ser cualquiera
y te conviertes en cosa celeste,
y cuando creo hablar de ti
me salen ciénagas del hambre,
pus de los papiros,
sangre majada de la tinta,
en que me das a luz
para quemarme dentro.

APUNTES PARA UNA DEIDAD

Sobre mi lengua hay un caballo.
Cuando todo el mundo ha dormido se levanta
y como el aire, frecuenta los aposentos de mi casa.

No se deja tocar, pero lo escucho vacilante
en el andar del frío, alargándose
como un arpegio de guitarra, ahí,
donde la tinta tiembla en la suave memoria.

Él sabe que las sombras galopan,
que los caballos se pierden en la noche,
que descienden de las estatuas
con la altivez de quien conoce su estirpe,
que no serán materia del olvido
ni del sueño flagelante.

De una cornisa a otra, pueden saltar sin que los
            mires.
Bajo la luna los oyes relinchar
si sabes que su fuerza proviene de la niebla,
del viento que agita la crin de los presagios,
del camino que se ha hecho
para el trotar de sus cascos.

Los dioses no se atrevieron a tocarlo;
por eso lo dejaron libre en las sabanas,
contemplaron su gloria con un poco de envidia,

y entonces mandaron al hombre para
        domesticarlo.

Por eso seremos siempre pobres,
quisimos someterlo a la espuela y al látigo,
lo llevamos a morir en batallas que eran nuestras,
y condenamos sus lomos al trasero del Rey
que entró triunfante en la tierra del saqueo.

Y, aun así, humillados,
son tan nobles que pudieron entregarse al llanto
por nosotros;
fueron capaces de llevarnos a casa
cuando nos hiere la flecha del alcohol.
Nos reconocen al silbarles en una estepa oscura
o en una playa irreal de blanca arena.
Hasta pueden hacerse de madera para jugar con
        niños.

Lo cierto es que no merecemos su perdón.
Unos dicen que los veremos en el cielo
la noche del Apocalipsis;
otros, que surgirán del mar, sedientos,
        musculosos,
para anunciar la fina metáfora del caos.

A mí lo que me da miedo
es que no vuelva un día mi caballo
y en mi lengua sólo quede
la continuidad de su ceniza.

LLAVES DEL DELIRIO

Estas llaves conducen al delirio.
Aquí las tienes.
Fueron hechas
a imagen y semejanza de tu miedo.

En su lomo hay cordilleras,
altas como el *dolor más antiguo de la tierra*
y valles que se nombran por su muerte.

En su cabeza
aún están las huellas dactilares del primer dios,
que borracho, nunca pudo abrir las puertas de su
            reino.
Pobre de él.

Admiro a quien camina en la quietud
                y sin pensarlo
arroja al centro del lago
las llaves de su casa.

Los huérfanos poseen llaves contra la cerrazón,
y el invierno es una puerta
que se deshace sin tocarla.

Todos estamos fuera
de algún modo oportuno,

y el mundo forja llaves
cuyos filos son menores que el puñal;
pero de igual forma, traspasa,
hiere y penetra en giros y estocadas
las entrañas del hierro y la madera,
para después abrirnos a un lugar que no existe.

Dulce es la blasfemia de la llave perdida.
Si no me crees escúchate,
ahora que llevas una casa de niebla en los bolsillos
y todas las puertas te están apuntando al pecho.

Vamos. Abre.
Desde afuera, tu
corazón palpita
como
un
nido
de
llaves.

ELEGÍA POR LAS FICHAS DE AJEDREZ

Sin darte cuenta de la seriedad del juego
a veces te crees el Rey o la Reina;
y ves las piezas moverse
cuando una mano invisible traza una jugada.
Y así van cayendo los peones, los alfiles,
el dramático caballo y su salto incompleto
que dibuja la inicial de los locos.

Sólo unas pocas torres, por lo demás
              insuficientes,
velan porque no se apague el fuego del monarca.
Y ni siquiera sabes si eres negro o blanco;
nunca conocerás las facciones
de ese par de rostros arriba del tablero,
ni cuál de los dos dirá el jaque mate
que acabará con la nobleza y los plebeyos por
              igual.

Entonces lo entiendes.
El juego no se trata de la importancia de una
              ficha,
ni de la duda en la mano que se detiene en el aire
y vuelve tranquila al borde frío de la mesa.

Todo termina ciertamente
cuando el tablero es doblado a la mitad
y tocas al peón y le dices *hermano*

y tocas al Rey y a ti mismo te tocas
y quedas atrapado
en la propia fugacidad de aquellas formas
como en la vida real,
y así también
          en la muerte.

Meditación del cuervo

A veces me persigue un cuervo.
Como a Poe, en su vuelo me dice *nunca más*,
toma mi carne por comida y consecuencia
y justo cuando pienso que se fue
lo miro enfrente,
graznando desde el fondo de un violín,
oteando con sus ojos este fuego.

Hay un cuervo en cada paso de mi vida.
Estuvieron ahí la vez que estuve enfermo,
se colaban en la sed de la morfina,
descansaban en los hombros de las monjas.
Estuvieron ahí cuando creí perderme
y la gente en la ciudad vestía con sus plumas,
brillaban contra el sol y me dejaban ciego.

Vi cuervos arrogantes en la tumba de mi madre
y en lugar de piedras,
sólo pude lanzarles
unas míseras palabras
que devoraron sin dejarlas caer.

Hubo cuervos cuando fui
hasta lo alto de una azotea
y pensé en las posibilidades del vacío.

También cuando fui feliz,
cuando reía hasta partirme el cráneo,
cuando dije amarlo todo
y lo escribí sobre la piedra.
Había un cuervo que rondaba en soledad
y sus garras me robaban la voz.

Ahora sé que no se irá
aunque finja dormir en estas horas altas,
en las que escucho sus latidos
más adentro del sueño.

Este cuervo ha envejecido junto a mí
y ya es tiempo de enterrarlo en la nieve;
abrirme con una tijera el corazón
y sacarlo de esta celda en la que ha estado preso,
donde día tras día compartimos agua y pan.

Juntos cantaremos *nunca más*;
y así la vida cumplirá sus promesas,
y así lo que ahora duele
no habrá dolido en vano.

EL TIGRE Y LA ROSA

Llamamos belleza a la ferocidad.
Lo cual no es vano, ni objetivo,
como cuando detrás de la lluvia
se acerca, intimidante,
sin respirar si quiera,
atraído por su aroma
o las líneas de su propia geometría
y de una sola, certera mordedura
la rosa
    ha devorado
        al tigre.

CICLISTAS DE LA LUNA

Para llegar a la luna
no es necesario un cohete trasbordador.
Basta con tomar una bicicleta,
cerrar los ojos y pedalear
hasta que el suelo levante
el polvo de los astros.

Da igual si llueve
o si el viento acicala
la cabellera de los árboles.
No importa
si los suicidas se toman de la mano
y ponen su cabeza
en la ruta de un cometa.

Lo esencial es que sigas pedaleando
y lleves lumbre en el bolsillo
para darle de comer
a los animales de la luna.

En la luna hay un violín que nunca cesa.
En la luna crecen uvas de nostalgia.
En la luna hay un río
que no se puede tocar
porque es de asombro.

Cuando creen estar solos,
los ciclistas hacen carreras
y frenan de pronto
dejando una línea con sus llantas
en el suelo de la luna.

En su centro
hay una Venus de Milo adormecida
que posa para las cámaras de los turistas.
También hay una flor, solo una,
un Partenón de plata
y un grafiti que reza:
lo importante es que exista la noche.

Yo lo miro todo desde un telescopio
y bailo al ritmo del timbre de tu bicicleta
que en este momento parte
             como un caballo de sal
                    hacia la luna.

MIDNIGHT THINKING

Para qué las riquezas,
los palacios
con sus murallas incesantes,
si puedo escupir
esta noche en el charco
y hacer que la luna baile
tan sólo para mí.

FESTIVAL DE LA LUZ

A los nueve querías ser bastonera
y desfilar con un vestido de gala
en el Festival de la Luz.
Pero nunca lo hiciste.
Nunca pediste nada por temor
a que te regañaran tus padres.
Los trajes eran caros
y la escasez reinaba.
Te tocaba conformarte
con ver el festival desde un televisor
a blanco y negro,
e imaginar los colores de los juegos de pólvora,
las bombillas de las carrozas,
y figurarte que eras tú
esa niña de nueve años
que marchaba con un rescoldo de sonrisa,
moviendo su mano
para decirte adiós, en la pantalla.

PLACENTA

El niño que no pudo nacer
hoy ha dejado el útero materno
para instalarse en el corazón de las maderas,
para salvarse en un eco de cuerdas.

Así juega en las arterias del aire,
conoce la carne, la perfección
y el agua silente de las lágrimas.

Ya es una gota de algodón,
una fecha guardada entre las manos,
una apacible tormenta que se apaga.

En su espejo recomienza la historia.

Todo vuelve a ser claro
en el cristal amniótico
y así emprende su viaje nuevamente,
aferrado al cordón umbilical
de quien lo sueña.

UNA VOZ EN LAS AFUERAS

A veces quisiera tener una casa para huir de ella.
El hijo pródigo que llevo dentro así lo pide.
Que en el recuerdo no quede piedra sobre piedra
ni la extraña bendición de la tranquilidad.
Que todos nuestros pasos conduzcan a la erran-
cia,
a la fábrica de corazones nómadas
que irá fraguando el tiempo.
Sólo el que se pierde conoce el valor del camino.
Sólo quien se fue de su casa
luchará con dolor por merecerla.

CONSTANCIA DE LA BRUMA

Salgo al balcón.
Esta noche es tan densa la bruma
que casi puedo tocarla con las manos.

Son los primeros días de noviembre.
A lo lejos,
      una luz,
               y otra,
                         y otra más,
reaparecen al transcurrir el viento
por entre una calle
que no da a ninguna parte.

Uno sabe que es cualquier cosa
cuando escucha el velo mínimo del aire:
el ladrido de un perro desde el inframundo,
el avión que cose el cielo a su exterior,
la taza que se quebró en el suelo
de una casa vecina,
el golpe de una puerta que se cierra
como una flor mortal hecha de nubes.

Aunque así lo quisiera,
no podría abrir los labios
y quebrar la quietud
que se desprende de esta noche,

y tocar a ese otro, el que no soy
y que también abre sus manos
desde su propia orilla
para tomar la bruma,
bajo la lenta luz
de lo no dicho.

SEPIA (Día de Muertos N°1)

Hoy los más pequeños preguntan
por sus tíos muertos.

Fotografías en sepia
que se han adherido a los portarretratos
mientras la mano rugosa de la madre
    hace un ritual
donde el vidrio se fusiona
con la hiedra y el tacto.

Cada año pone una veladora
y reza el rosario de los días ausentes.
Deja una ofrenda de galletas,
frutas y ron para que en esa repisa
las almas reconozcan de nuevo
el breve vaso del placer.

Los más pequeños no entienden estas cosas
pero siguen a la abuela
en el oleaje hipnótico de los *diostesalve*
y un amén lejano
que se quiebra en los altares.

En la casa el llanto es interrumpido
por un juego de niños.
El dolor es como un gato

que duerme en la ventana
y baja de ahí
sólo para alimentarse de los sueños.
Desde los portarretratos
        los tíos ausentes
vigilan las cornisas de la madrugada
y sus madres vuelven a acunarlos
-ahora y en la hora de su muerte-
en el útero común de los recuerdos.

MIENTRAS MIRÁBAMOS UNA FOTOGRAFÍA DE VALLEJO

Partimos de la premisa
de que el poeta es un ser de las sombras.
No como un ángel gótico,
con una flor maldita en los bolsillos,
sino simple y llanamente, de las sombras.

Nadie le dijo que eligiera el fracaso,
ni que se contuviera de reír
en las más raras circunstancias,
pero el poeta acaso fue llamado
a servir de testigo a la infelicidad,
le fueron encomendadas
ciertas dosis de sufrimiento
y unos gastaron su dolor de tal forma
que llegaron, como Pessoa,
a fingir el dolor, para sentirlo.

De nada les sirve la verdad,
ni morder con sus dientes postizos
la cabeza de un fénix.
A los poetas no les va bien
posar para las fotografías;
usualmente salen pálidos o despeinados,
demasiado flacos o demasiado obesos,
y sus ojos de hambre

siempre están mirando hacia otro lado.

Un día me encontré una foto de Vallejo,
estaba haciendo la limpieza anual de vacaciones
y cayó desde una de las estanterías de la biblio-
teca.
Tú miraste al suelo y la cogiste,
y tomándola de una de las esquinas me dijiste:
entonces es así como terminan los poetas.
No dije nada, la desempolvé
y la volví a guardar entre la página 23 y 24 de
          Trilce.

Quizás tenías razón.
Es posible que algún día
termine viejo, apoyando mi cabeza en el bastón,
con un par de valijas cuyo adentro ignoro,
esperando el tren
que no ha de llegar a la estación jamás,
sino tal vez a unas pocas palabras
o tachones que se extienden
de un lado al otro de lo que fue mi vida.
Y es que a veces quiero reír, pero me sale mal,
y es que a veces te oigo llegar
desde la habitación
y se convierte en espuma
tu rostro si lo toco.
Me canso de tener un trabajo normal
y que me crean respetable.

Pero volviendo a lo que estábamos;
ah, sí, los poetas son seres de sombras,
y a pesar de sí mismos, un día
tienen la necesidad de iluminarlo todo.
Entonces buscan la tinta,
repletan sus bolsillos con los poemas
que no les dio tiempo de escribir,
se fuman un cigarrillo, lo apagan con la lengua
y así, ante la atenta mirada
de aquellos lectores que aún no tienen
salen hacia la noche sin fin,
convertidos en una gran
                    antorcha humana.

UNA TEMPORADA CON BORGES

Eran los primeros días de verano,
vísperas de exámenes finales en la universidad.
Dormía mi siesta
y soñé que Borges salía de sus *Obras Completas*
y me pedía que lo llevara al prostíbulo del barrio.

Al principio dudé, pero ¡qué diablos!,
nos fuimos volando en motocicleta.
Al llegar, en una de las puertas rezaba una inscrip-
ción:
Lasciate ogne speranza voi ch´intrate.

Los ojos de Borges saltaban y se movían
como los de un camaleón,
mientras leía a Goethe en alemán
al oído de alguna de estas damiselas.

Bebíamos como cosacos y la cosa se ponía buena,
nuestro querido Georgi desapareció
con una dama por uno de sus laberintos
y luego retornó por el espejo del baño del bar.

Reía y gozaba como nunca,
pero después se fue tornando taciturno,
como apagándose por dentro,
y me dijo que Kafka lo perseguía en sueños,
que Heráclito estaba equivocado,

que Whitman le dolía como el Cristo
que guardaba su cruz en un estuche
y le enseñaba a bailar tango
para salvar su alma.

Entonces se acomodó el saco,
agitó su bastón
y el pobre Borges
volvió a ser el viejo, ciego,
coitófobo de siempre.
Tuvimos que irnos del bar.

Yo lo llevé en motocicleta a su casa,
donde lo ayudé a arroparse de nuevo
en aquellas *Obras Completas*
publicadas pulcramente en Seix-Barral.

Me disponía a retirarme
para seguir la fiesta
pero antes de cerrar el libro me dijo:
¡Despertate, Ché,
que mañana tenés el examen
de literatura comparada!

Y desperté, muy tarde ya.

Eran los primeros días de verano,
Borges se escondía en un maldito Aleph
y yo habría de repetir el curso
el verano siguiente.

TARÁNTULA

Pobre de aquel que en soledad
le sube a la garganta una tarántula.
Querrá volver al sueño
y correr muy lejos de su casa.
Querrá morderse los labios
para arrancarse el beso,
que ahora es como pasto
o leñosa humedad
para unas largas patas que caminan
por los lentos venenos de los días.

Será menos que una sombra
en la pared inmóvil,
no podrá retractarse de mirar
en breves espejos de agua
los muchos ojos que lo ahogan
en un frágil reflejo.

Nunca podrá tocar de nuevo
las escamas de otra piel desnuda.
No podrá penetrar tan si quiera
la cálida entraña de la ira.

Verá la tela que le envuelve la vida,
escuchará la mandíbula crujir
para el festín de la alimaña;
pronto va a imaginar a la tarántula
cruzando por el fuego sin quemarse
y sentirá envidia,
tendrá que apurar ese trago sin arrugar el rostro.

Solamente podrá mover sus brazos
en un último gesto de horror o valentía
para aplastar contra su propio cuerpo
aquella mano única, espinosa,
como venida del salitre de los tiempos,
como tomada de algún oscuro hueco
donde acecha el recuerdo
y la tarántula.

GARZAS

Las garzas huyen en dirección al sol al caer la
tarde.
Pretenden retenerlo para siempre.
Vuelan en multitudes simultáneas
pues las sombras pronto
cubrirán estas praderas.
Persisten.
No preguntan.
Sólo vuelan y son breves.
Y aunque en su quieto tránsito
todo parece inútil
no me burlo de su ingenuidad.
Si yo fuera una garza
también volaría hacia la luz.

ORQUÍDEA

Me acerco a la orquídea
para aspirar su aroma.
La observo largamente.
¿Tendrá esta flor
la esperanza de vivir
para siempre?
Ayer alguien la cortó
y me la ha obsequiado.
Ella sabe que morirá,
y aun así se queda observándome
y piensa en sus adentros:
a este hombre lo cortaron de raíz,
no durará para siempre.
¿Lo sabrá acaso?

CREER EN LO INVISIBLE

Protégeme, Señor, de las religiones.
LASSE SÖEDERBERG

Los ateos son creaturas divinas.
Los hay de muchas formas y colores.
Están los que, por alguna razón,
por lo general odio infundado,
no pueden concebir que un dios les diga
que no pueden amar
más que a una sola muchacha.
Al menos eso le pasó a Gonzalo Rojas,
y le tiró duro a aquel dios
que le imponía monogamia en las orejas
como una rosa triste.

También están los cuánticos.
Los que necesitan la medida exacta del cielo
para creer en él, y se desahucian
cuando un fuego celeste les quema alguna noche
el azorado papel de su ecuación perfecta.

A su vez, están los que creyeron
pero no les dio tiempo de sufrir lo suficiente,
de maltratar al prójimo, de cultivar un vicio,

de negar a una madre y conocer el bajo fondo
de los años perdidos, y murieron así,
          desangelados,
sin la lenta vocación de lo terrible.

Otros son como el aire que gira
en el reloj de arena: ni ásperos ni leves,
pero hablan siempre de esa mano que da vuelta
cuando el último grano de arena cae
y se preguntan por él, lo miran frágilmente
y le hacen caso al tiempo
que les dice que no es nadie.

Habrá quienes erigen estatuas
al Dios desconocido para escupir su rostro
y llenar de barro el templo
que han llevado en su pecho eternamente.

Quieren borrarlo, sucumbirlo, reinventarlo,
pero sus fuerzas no son suficientes
para crear esa presencia abstracta
donde Su nombre es una puerta entrecerrada
hecha de muchos nombres.

Me provoca una suerte de compasión y gracia
que los ateos se la pasen hablando de Dios;
yo en el fondo he empezado a creer
que no están solos, que no lo estamos,
y que la fe consiste en tener por corazón

un gran bloque de hielo
que permanece intacto,
bajo el más duro sol.

EL CUADERNO AZUL

Debajo de esta página está el mar.
Lo he dejado intacto
ahí donde la sal se rige por tu nombre.

Lo he dejado dormido
para que toquen tus dedos
la superficie del agua,
y se hagan olas
como epitafios silentes que despiertan
cuando no hay eternidad.

Cada palabra es un camino al mar;
y no lo puedes ver
aunque el mundo se deshaga en espejismos,
en breves barcos tejidos por la niebla,
en marineros que se despiden
desde una costa inexistente.

Solo de noche, escuchas,
el parpadeo del mar
como si te mirara un ángel
con el vaso del tiempo en una mano
y en la otra un puño siniestro de ceniza.

Después del mar no existe nada,
sólo la punta de tu pie

que busca el fondo sin lograrlo,
sólo otro cuerpo al lado tuyo
que te mira y se hunde,
pero no sabe que es la vida
quien lo hala hacia abajo,
quien le pone en la boca su última palabra
y que lejos de sí, en otra superficie,
es aire inútil.

No vayas a culpar al mar,
el recuerdo es aquello que te ahoga,
la espuma que brilló en tu historia
para luego deshacerte.

Ahora el camino te ha llevado lejos
y si miras atrás,
la arena habrá absorbido la tinta;
y crees por un instante
que eres parte de aquella inmensidad.

Te dejas llevar en sus corrientes.
Flotas o te hundes, da lo mismo.
No eres nada. No respiras.
Y, sin embargo, escribes en un cuaderno azul:
Debajo de esta página está el mar.

NOTAS AL PIE DE PÁGINA

Me siento a la mesa de trabajo.
Releo ciertos libros, me preparó un té
y trato de bosquejar algunas líneas
para finalizar mi más reciente poemario.

Los temas siguen siendo los mismos
de hace más de veinte siglos:
el amor, la muerte y el paso del tiempo;
lo mucho que cuesta hacer poesía
o el compromiso de ésta en el mundo exterior.

Mi editor dice que va bien,
que con suerte hasta podría ganar
                    un premio literario.
A como está la situación eso sería genial.
La casa necesita una mano de pintura
o quizás con eso podría comprarme
                    una motocicleta.

Sorbo un trago de té,
y guiándome por las líneas
de un poeta poco conocido en un país también
desconocido
empiezo los primeros versos de lo que será
el último poema de mi libro.

La fuente de la pluma se desliza con fuerza.
Se me cae de la mano una metáfora.
Trato de mantener el ritmo
como un esquiador que desciende
en la levedad de la nieve.

Todo fluye hasta acabar el texto
y quedo roto en una esquina del estudio
como la sangre que brilla
en el traje de purísima y oro del torero.

Estoy a punto de llamar a mi editor
y escucho gritos, golpes, madrazos,
                            el ruido de una turba.
Justo frente a mi casa
el barrio está linchando
a cuatro tipos que asaltaron
a un taxista informal.

No pasa de los dieciocho años el mayor de ellos.
A uno lo dejaron totalmente desnudo,
su espalda es igual a la de un Cristo.
Otro tiene los ojos hinchados
y con su boca llena de sangre pide que lo
            perdonen.

La turba no da tregua.
Los otros dos se han guarecido en una casa
donde la policía trata de que salgan
pero el miedo a la gente común les sobrepasa.

Todos miran ahí afuera
y heme aquí, en medio de la calle,
con mi manuscrito y mi taza de té.

La poesía también sabe tomar la justicia por sus
propias manos.

La gente se dispersa, cada quien, a su casa,
y vuelvo a mi mesa de trabajo.
Dejo el teléfono en su lugar
y pienso nuevamente en el poema,
en el *amorlamuerteyelpasodeltiempo*
y en lo mucho que diariamente mentimos los poe-
tas,
esos buitres del papel.

Decido entonces comenzar una vez más,
y esta vez el mundo es real,
como el frío en mi taza de té,
como el miedo que se cuela
en las rendijas de mi casa,
como este temblor en las manos
al tratar de escribir sobre la vida.

LA CASA EDIFICADA

No tenemos la casa todavía,
tenemos piedras.
EDUARDO LANGAGNE

Tengo treinta años y aún no tengo casa propia.
Quizás sólo este puñado de piedras que se
      agolpan,
como dedos sobre el vidrio que separa
mi corazón de mi silencio.

He vivido en los suburbios de la fiebre,
saltando de un lado al otro
de algún reloj humeante entre las lluvias
y no he podido encontrar una mañana
el camino hacia el umbral,
la impávida puerta
que pueda en su paciencia recibirme.

Conté los escalones de la errancia
y aunque no venía solo
el viaje se fue colmando de rosas
que abrían hacia adentro;
de puñetazos sobre la negra arteria de la noche,
de galerías de paredes de piel
y retratos que convalecían en el polvo.

Si por mí fuera me quedaría a la intemperie
pero ya tuve un hijo al que legar ni nada,

me nació una esposa en la humedad
que me demandan estrellas y una vida decente,
que me fatigan hacia la autoexploración
y a cantar con marimbas, risas insanas,
aquello que me finja doler o que me duela.

Porque merodeé bastante la locura,
porque le creí a la luz su gloria obscena,
porque tuve que dormir en el baño de un bar,
porque las cuentas no me salen
y vuelvo a contar con algo de esperanza
ayúdame, Señor,
a encontrar un sitio en qué vivirme,
a estrechar mis ligaduras con la tierra,
a sumergirme en el barro de unos ojos tranquilos.

Un puñado de piedras
no es suficiente para edificar la casa.
Tendría que traer mi voz contraria al mar,
comerciar la madera por el fuego,
escupir el cemento de los años gastados,
medir la claridad del día
como una ausencia prodigiosa,
poner estacas en las esquinas de todo lo vivido
y con estas manos empezar,
                    obrero de mí mismo,
a darle forma a esa casa incorpórea
en la que habitan desde ya
                    todos mis muertos.

REFUGIO TEMPORAL

Perdido en la tundra,
en los pantanos, en una isla,
en una montaña cubierta de nieve,
a la sombra de una incierta vastedad,
algo que desconozco se ríe de mi sed,
del miedo a mis depredadores,
de mis ganas de tirarme al río
y tener un pez resbaladizo entre las manos.

Cómo deseara encontrar algún fruto,
                en algún árbol,
                        algún animal muerto
que pudiera comerse todavía.

A cada instante me toca ignorar aquella voz,
y tomar la leña seca, la yesca,
frotar una piedra contra otra
hasta que salgan chispas,
morder el fuego
                y descansar
en este refugio temporal
que construí para mi suerte.

Y así vuelvo cada mañana
para que salga el día y hacer lo mismo:

seguir viviendo
bajo un cielo plagado
de belleza y ceniza,
y decirle aquella voz que sigo aquí,
en algún lugar de la vasta intemperie,
y aunque mi cuerpo es frágil,
y vivo a tientas,
y tengo hambre,
su garra no podrá atraparme
                              todavía.

PESCA

Cuando algo nos hiere,
volvemos a las orillas de ciertos ríos.
CZESLAW MILOSZ

Digamos que uno inicia su viaje a lo desconocido.
Alza los ojos para vaticinar el clima.
Baja por escarpadas rocas hasta llegar al río.
La lentitud camufla la densidad de la corriente.
En el fondo, sabemos, todo río es turbio.

Prepara el señuelo en la caña de pescar
y tira a lo lejos el plomo que desnuda el peso del
aire.
El tiempo es eso que transcurre
entre la volátil quietud y la cuerda que se tensa.
Y así van las estocadas,
                    recogemos cada tanto
y tiramos hacia atrás.

En el fondo una bestia se contiene.
Zigzaguea en la oscuridad del agua
hasta que uno de los dos llega a cansarse
y se entrega a la voluntad del otro que lo espera.

Pero siempre está el riesgo.
El anzuelo que regresa a tus manos
puede venir vacío, y aun así pesarte,

como un cuerpo que salta
y se ahoga al sol,
       entre las rocas,
           imaginando tus ojos en el
agua.

SOBRE LA MULTITUD

Escribo para los mismos
cuatro gatos de siempre.

Los gatos que se apiñan,
    me aruñan, me iluminan.

Los que salen con su hambre
a maullar en las arterias del tejado.
Los que no necesitan
        la presencia de la luna.

Puntuales como son,
no pasa un día en que sus ojos
me dicten las esquirlas de la muerte.

Uno a uno toman su lugar
en medio de la sala,
en ese tenue espacio
en el que no soy sino un fantasma;
un acorde repetido,
una catedral vacía golpeada por el estruendo
de una gota de sangre que persiste en caer.

Por su altivez
nadie los soporta ni los guía.

De nada les sirve reencarnar siete veces
bajo la misma levedad de su forma.

No entrarán suavemente
hacia la buena noche,
ni le harán caso al ángel
que predice la destrucción de la ciudad.

Nada es nunca suficiente;
siempre hay algo qué decir
                y ellos me escuchan.
Me miran sin cesar.

Saben que antes de apagar la luz
les dejaré mi corazón en su plato de comida.

TRATADO DE LO QUE ES EFÍMERO Y SE NOMBRA

Como una liebre vivaz que salta entre las llamas,
el poema escapa de la mano
y nombra las cosas antes de destruirlas.
Tu nombre, por ejemplo, o el mío,
dejan de ser esos nombres reales
en el que se refleja lo que somos,
y pasan a ser lo que dicte el poema:
Tigre, estela, pluma, calle, malecón.
Tantas formas dispuestas para un oscuro vuelo.
Tanta ocasión de soñarnos distintos.
Tantas maneras de ver
y no tocar el fuego que al crujir
nos recuerda con su eco
algo del primer nombre que traíamos,
danzando como un rayo
en la punta de la lengua.

DALILA

Te amo porque sos bastarda como yo
y tu linaje es el hielo y la noche que se acaba.
Porque llegás oliendo a pesadumbre
y te echás en el sillón al lado mío
y no te incomodan mis gritos y blasfemias.

Te amo porque desdeñás a quien te odia
y desde tu altivez
pasa tu rostro volviéndose a la náusea
y llevás en tus garras
la sombra de los días,
y tus ojos consumen parte de mí,
este animal que he sido cuando viejo.

Te amo porque sé
que me abandonarás en algún momento,
no te veré morir
y tu ausencia sólo será
un espacio vacío en el estudio,
una bola invisible
que tiraré a la pared tantas veces,
un murmullo sereno
maullando largamente
en los lomos gastados de mis libros.

REMIENDOS

Cómo hace falta una madre en la alta hora,
en que la noche regresa al corazón
con sus remiendos, con su saco empolvado
de adecuarse a los presagios del día,
el calcetín hambriento que se devora a sí mismo
en agujeros, el pañuelo cansado
de enjugar fluidos que no pertenecen a su dueño.

Por Dios, cómo hace falta una madre
ahora que vuelven las horas con su tumbo de
sueño,
y los papeles de la oficina se erigen
como buitres blancos a mitad de la quincena,
y la pobreza nos hace vivir
en la capital del vacío.

Aquí no se trata de volver
al pecho invisible que el destino nos niega,
ni de beberse la piel en su hilacha desprendida;
no se trata de temerle a la vejez
y seguir siendo un nómada
al que le pesa una piedra en el bolsillo,
ni mucho menos encenderse los ojos
para negar el frío que se traduce
en esa luna esquelética, raquítica,
que llevan en la lengua los huérfanos.

Se trata quizás de algo más simple,
de ingresar nuevamente por la puerta trasera de la
        casa,
y ser ese niño con las rodillas rotas
que solloza en la sala en tanto mira
cómo su madre toma el hilo y la aguja
y le remienda el uniforme de la escuela.

Entonces pensará:
Cómo hace falta una madre
que dicte un conjuro para vencer el tiempo
y desterrar sin dudarlo
        el lenguaje sin prisa de las lágrimas.

CONVERSACIÓN ENTRE CATRINAS (Día de Muertos N°2)

Tomo entre mis manos
una pequeña calavera de cerámica,
pintada con flores y hojas
que brillan frente a las veladoras.

Sobre un improvisado altar
están mis muertos.
No soy digno de hablar de ellos por ahora.
Quizás luego cuente algo de lo que fueron sus vi-
das.

En esta línea debe haber un silencio
que abarque la totalidad de la página;
aun así, escribo
y los rostros aparecen
para beber esta noche, bailar,
comer, fumarse unos cigarrillos
hasta que el amanecer los obligue
a cruzar de nuevo el puente.

Así pasará un año para que vuelvan a hacerlo.
Esperarán su turno, contemplándonos inmóviles
desde una fotografía que va perdiendo
            consistencia.

La muerte debe ser un lugar solitario

pero, aun así, de vez en cuando, nos da una tregua
    a todos.

Mientras tanto, me pregunto
porqué querrán visitarme
aquellos bisabuelos que nunca conocí.
¿Querrán decirme algo? ¿Enmendar algo?
Su silencio es ilógico e inútil
como una línea vacía en un poema,
como los ojos huecos
de esta calavera de cerámica
que por momentos veo parpadear.

Pero, a decir verdad, poco me importa.
Supongo que se la pasan de lo lindo, y yo también;
hasta les hablo para no sentirme solo.

Todo se ha convertido
en una especie de juego,
donde un pariente en un futuro lejano
pone mi fotografía en el altar de la familia,
y aunque no me conoce,
me deja comida, cigarrillos y algún trago,
para que baile hasta el amanecer
y vuelva a cruzar un puente
y sienta por un momento el goce
de cuando estuve vivo,
y ya sólo aspirar el aroma de una flor
era una fiesta.

CULTO PERSONAL

La vida entonces se reduce a esto:
Me tomas la mano temblorosa
mientras entramos al oráculo
donde fluyen dos manantiales;
uno consagrado a Mnemosyne
y el otro al gran Leteo.

Sabes que lo que vas a decir
no lo recordaré mañana,
y sé también que ahora mis palabras
son como una especie de plegaria
que no sabemos si los dioses cumplirán.

Pero adentro sigue temblándonos la sangre
y aún continúa saciándonos a oscuras
la vasija rota de la fe.
Por eso insistimos en llevar al oído
la vibración del agua,
por eso dejamos que la edad
nos arrugara el rostro,
por eso permitimos que la sed
nos embriagara plenamente en su deshora.

Mañana, si es que llega, lo olvidaremos todo,
y aunque no nos vayamos a morir,
sentiremos como un frío metal
la cruel vergüenza de vivir sin el otro.

Tú pasarás de largo
hablando no sé qué, en un idioma extranjero;
yo cruzaré una calle
y llevaré a mi rostro una mano temblorosa,
hasta que el último Dios,
-cansado de sabernos-
acabe de reírse.

En defensa del zapato

Barman,
zapatos para todo el mundo
¡Yo pago!
César Young Núñez

Cuando se gasten mis zapatos,
cuando mis dedos se asomen por sus orificios
y las plantas de mis pies se sientan
más cerca de la tierra debido a lo débil de las sue-
las,
no los regalaré ni los echaré a la basura.

Seguiré usándolos como el primer día
hasta que se tornen grises o yo me torne gris,
y lo único reluciente, casi nuevo, sea el camino.

Juro que no enviudarán jamás estos zapatos;
que no envidiaré el brillo de los mocasines
en las tiendas de los centros comerciales.

Perfectos serán para mi paso
como dos perros fieles disecados,
curtidos por el sol y por la lluvia,
compañeros del barro y de los azulejos
donde un pequeño Dios tatuó sus huellas.

¿Acaso Dios no usó también zapatos?
No me lo imagino haciendo sus milagros,
caminando entre los corales de la playa,
                    en uno de sus templos,
u orinando junto a mí en el baño del bar
                    con los pies descalzos.
Ciertamente tuvo que haber tenido zapatos
y estaban más gastados y sucios que los míos.

Dicen que para humillarnos
la muerte nos obliga
a entrar descalzos en su reino.
Sin embargo, los hombres más recios que he co-
nocido
murieron con las botas puestas:
Thoreau, Mandela, mi abuelo Mario
que no sabía escribir, pero hablaba en poesía,
pidió que lo enterraran con zapatos.

A veces tengo la seguridad
de que si salgo a la calle en medio de la noche
me lo encontraré caminando y me dirá:
El día que te sientas cansado
        y decidas hacer una casa
                hazla en forma de zapato.

LA PECERA

Contemplo la pecera vacía, sin agua,
con unas cuantas piedras secas de colores
y un naufragio que me remite al mar.

La he escondido en el patio para que mi hijo no la
vea.
Jack, su pez beta, ha muerto la semana pasada.
Él mismo lo encontró flotando, y sin llorar
tomó al pez putrefacto y lo lanzó al inodoro.
Al jalar la cadena se despidió de él diciéndole:
                              Adios Jack, ve al cielo
de los peces.

Luego me dio la pecera y siguió jugando
como si no hubiese pasado nada.
Su frialdad y ecuanimidad me resultan sorpren-
dentes.
La manera en que afrontó esa pequeña muerte
ha sido una enseñanza para mí,
que cada pérdida me pesa igual
sin importar su tamaño;
que a cada tanto me duelen los muertos propios,
los ajenos, los anónimos,
los que nadie despedirá antes de ser sumergidos
en un océano calmo o en el enjambre verde de la
tierra.

La pecera permanecerá vacía en algún rincón del
patio,
sus piedras secas, casi vivas.
Su naufragio me recordará algo
que no recuerdo ahora,
y los peces seguirán poblando el cielo
como nubes barrocas e intocables.

EL DESVÁN CELESTE

Supongamos que muero y que te mueres.
Y nos vamos por azar a algún desván celeste.
E intentamos hablar y no sabemos cómo.
E inventamos sílabas, fonemas, palabras
para poder nombrar lo que nombramos.
Y no es igual si decimos océano, herida, jaca-
randa.
Y, aun así, te entiendo y tú me entiendes.
Y en un instante volvemos a vivir.
Y el Lenguaje ya no nos pertenece.
Y las palabras vuelan a nuestro alrededor,
indecibles como ángeles o insectos.
Y al vernos, ninguno de los dos recuerda
el nombre del otro.
Y el tiempo edifica un monumento a las palabras
caídas.
Y pasamos sin hablar al toparnos por un nuevo
azar
en cualquier resquicio de la vida continua.
Y al intentar decir lo que hemos visto
nos perdemos de nuevo en aquél desván celeste,
donde de pronto ya no hay muerte, ni heridas,
ni jacarandas, ni supongos, ni Lenguaje.

ACERCA DEL AUTOR

Juan Carlos Olivas (Turrialba, Costa Rica, 1986).
Estudió Enseñanza del Inglés en la Universidad de
Costa Rica (UCR). Se desempeña como docente.
Ha publicado los poemarios *La Sed que nos llama*
(Editorial Universidad Estatal a Distancia; 2009);
Bitácora de los hechos consumados (Editorial Universi-
dad Estatal a Distancia; 2011) por el cual obtuvo el
Premio Nacional Aquileo J. Echeverría de Poesía
2011 y el Premio Academia Costarricense de la
Lengua 2012; *Mientras arden las cumbres* (Editorial
Universidad Nacional; 2012), libro que le valió al
autor el Premio de Poesía UNA-Palabra 2011, *El
señor Pound* (Editorial Universidad Estatal a Distan-
cia, 2015; Instituto Nicaragüense de Cultura,
Nicaragua, 2015) acreedor del Premio Internacio-
nal de Poesía Rubén Darío 2013, *Los seres
desterrados* (Uruk Editores; 2014), *Autorretrato de un
hombre invisible* (Antología Personal) (Editorial
EquiZZero, El Salvador; 2015), *El Manuscrito* (Edi-
torial Costa Rica; 2016) Premio de Poesía Eunice
Odio 2016, *En honor del delirio* (El Ángel Editor;
2017) Premio Internacional de Poesía Paralelo
Cero 2017 en Ecuador, *La Hija del Agua* (Amar-
gord Ediciones; Madrid, 2018), *Colección Particular:
Antología Personal* (Nueva York Poetry Press; 2018)
y *El año de la necesidad* (Ediciones Diputación de Sa-
lamanca; Salamanca, 2018) Premio Internacional
de Poesía Pilar Fernández Labrador 2018.

ÍNDICE

EL AÑO DE LA NECESIDAD

Colección
PREMIO INTERNACIONAL DE POESÍA
NUEVA YORK POETRY PRESS

Colección
CUARTEL
Premios de poesía
(Homenaje a Clemencia Tariffa)

1

El hueso de los días
Camilo Restrepo Monsalve

-

V Premio Nacional de Poesía
Tomás Vargas Osorio

2

Habría que decir algo sobre las palabras
Juan Camilo Lee Penagos

-

V Premio Nacional de Poesía
Tomás Vargas Osorio

3

Viaje solar de un tren hacia la noche de Matachín
(La eternidad a lomo de tren) /
Solar Journey of a Train Toward the Matachín Night
(Eternity Riding on a Train)
Javier Alvarado

-

XV Premio Internacional de Poesía
Nicolás Guillén

4

Los países subterráneos
Damián Salguero Bastidas

-

V Premio Nacional de Poesía
Tomás Vargas Osorio

5

Las lágrimas de las cosas

Jeannette L. Clariond

-

Concurso Nacional de Poesía
Enriqueta Ochoa 2022

6

Los desiertos del hambre

Nicolás Peña Posada

-

V Premio Nacional de Poesía
Tomás Vargas Osorio

INTO MY GARDEN
Collection
English Poetry
(Tribute to Emily Dickinson)

Colección
PIEDRA DE LA LOCURA
Antologías personales
(Homenaje a Alejandra Pizarnik)

Colección
MUSEO SALVAJE
Poesía latinoamericana
(Homenaje a Olga Orozco)

Colección
SOBREVIVO
Poesía social
(Homenaje a Claribel Alegría)

1
#@nicaragüita
María Palitachi

2
Cartas desde América
Ángel García Núñez

3
La edad oscura / As Seen by Night
Violeta Orozco

4
Guerra muda
Eduardo Fonseca

Colección
VEINTE SURCOS
Antologías colectivas
(Homenaje a Julia de Burgos)

Antología 2020 / Anthology 2020
Ocho poetas hispanounidenses / Eight Hispanic American Poets
Luis Alberto Ambroggio
Compilador

Colección
TRÁNSITO DE FUEGO
Poesía centroamericana y mexicana
(Homenaje a Eunice Odio)

Colección
MUNDO DEL REVÉS
Poesía infantil
(Homenaje a María Elena Walsh)

1
Amor completo como un esqueleto
Minor Arias Uva

2
La joven ombú
Marisa Russo

✄

Colección
LABIOS EN LLAMAS
Poesía emergente
(Homenaje a Lydia Dávila)

1
Fiesta equivocada
Lucía Carvalho

2
Entropías
Byron Ramírez Agüero

3
Reposo entre agujas
Daniel Araya Tortós

Colección
MEMORIA DE LA FIEBRE
Poesía feminista
(Homenaje a Carilda Oliver Labra)

Colección
PROYECTO VOCES
Antologías colectivas

María Farazdel (Palitachi)
Compiladora

Voces del café

Voces de caramelo / Cotton Candy Voices

Voces de América Latina I

Voces de América Latina II

NARRATIVA

Colección
INCENDIARIO
(Homenaje a Beatriz Guido)

1
Alyz en New York Land
Novela
Jesús Bottaro

2
Historia de una imaginación memorable
Novela
Andrés Felipe López López

✿

OTROS DISCURSOS

Colección
SUR
(Homenaje a Elena Garro)

Para los que piensan, como Vicente Huidobro, que *el poeta es un pequeño Dios,* este libro se terminó de imprimir en el mes de abril de 2019 en los Estados Unidos de América.